Faibles Facettes

J.Scheigetz

Faibles Facettes

© 2023, J.Scheigetz
Édition : BoD – Books on Demand, info@bod.fr
Impression : BoD – Books on Demand, In de Tarpen 42, Norderstedt
(Allemagne)
Impression à la demande
Dépôt légal: juin 2023
Numéro ISBN: 978-2-3224-8095-1

Je remercie ma mère Svitlana, merci d'être toujours là
où je suis.
Je remercie mon cher copain Raphaël, grâce à toi j'ai
commencé à écrire en français.
Je remercie mes amis Timothée, Alexandra, Léonor,
Héloïse, Achille, Anaé et Maria, merci pour votre
grand soutien.

« Vienne la nuit sonne l'heure
Les jours s"en vont je demmeure »
Guillaume Apollinaire

je suis la
peste
je te prends sans accord
mais tu n'a jamais été
contre moi
comme
tout le monde
tu ne t'as soumis sur mon charme
mortel
tu l'as laissé de côté
tu es passé à côté
je t'attrappe pourtant
il y a un piège pour
chacun
ou bien
c'est toi qui voulais te faire atrapper
je n'en sais rien
tu me le donnes –
je te le prends
tu es tout simplement misérable
et moi je ne suis non plus
un miracle
je ne sauve personne
on va couler
ensemble
même si tu veux toujours vivre
comme il me
semble
tu pourras me quitter
jamais
je ne m'étonnerai
je suis en fait
creuse

due à la guerre intérieure
lépreuse
je tue les autres
sans réfléchir
j'ai envie de le faire
c'est un effet secondaire
effet d'allumage
de dommage
de l'hommage
à ceux qui m'ont fait
infectée

ta présence me
manque
de la sobriété
que tu apportais
le lendemain de la nuit
qui est passée
la foi
ou la croyance
on était pas loin
combien de fois
de la vengeance
l'amour immersif
mieux que dans les
vieux films
viens
on va en utiliser encore une
dizaine
c'est plus simple de montrer
le dénudé
que de le décrire avec les
mots
ton sourire
il te sublime
à chaque fois
j'ai peur
que moi, c'est pas la véritable
raison
quand je te vois
je perds

toi
tu me demandais de
t'oublier
je t'écris une
millième lettre
pour insister
que
ça fait longtemps
que je t'ai
oublié

on était toujours trop
et à côté de toi je sentais
trop
d'émotions
c'est pourquoi
en revenant dans ma cave
noire et vide
tu me manquais

tu sais
j'avais tres envie
de t'embrasser
mais la peur de te faire mal
de devenir ton mal
de révèler ton mal
était toujours plus forte que ma faible volonté
épuisée de centaines tentatives
non réussies

je gelais à chaque fois
quand je te voyais
mais je ne suis pas
assez
pour toi
pour personne
alors
minable
et plutôt malpolie

reste
quelqu'un
pour moi
une traite
de visage
une larme
timide
le goût du sang
sur ma lèvre
écrasée
reste quelqu'un
juste
reste
une humble promesse
de l'aube
après qu'on
s'est levé

reste
quelqu'un
pour moi
la nuit l'hiver
l'esprit
du printemps
ou
l'orage
enfantine
en été
sois un fantôme
de nos jours
de jeunesse
où
on ne reviendra
jamais

reste
quelqu'un
pour moi
un simple
passant
l'ombre du ciel
la fumée
de dernière cigarette
reste
la lumière
dans ma cave
des rêves
enfoires
et
des faibles
facettes

reste
quelqu'un
pour moi
un goût
du café
un sucré
de mer
ou
la mer d'espoir
à peine
vif
l'étoile
brillante
au milieu
de la nuit
qui précise au navire
son trajet
décisif

reste
quelqu'un
pour moi
vide
mon coeur
des paroles
ne pas dites
autrefois
à l'heure
quand s'assombrit le ciel
touche
mon visage
du bout de tes doigts

reste
quelqu'un
pour moi
désigne
mon corps
de plusieurs couleurs
sous
la lumière blême
de la lune
je te prie
de passer
chaque ta vie avec moi
mais
j'en ai
malheureusement
qu'une

tu étais mon icône
personne de nous n'est croyant
chacun de nous vient souvent
à l'église pour
prier
on ne touche pas les icônes à la main
ils méritent un simple baiser
mais qui vous a dit
que le passage vers chaque icône
est dégagé
peut-être aujourd'hui
ou après-demain
essaye encore
une ou deux fois

tant que tu restais
indifférent
j'ai appris tes habitudes
par coeur
même si je ne suis pas
certaine
de tout
d'en avoir un
d'avoir tout ou bien rien

pour être plus précise
c'est pour toi que je laissait
un peu d'espace
un peu des pensées
et vu que le temps passe
ton éclat devient
de plus en plus
fugace

dans la tête
qui est à la fois
vidée de toute réflexion
par des définitions
des préstations
une immense
caricature
s'est formée
autour de ton
allure

mais
si
un jour
j'oublie tout
ça veut dire tout
sauf
toi

du café noir
tu le prenais
tous les jours
le soir la nuit le matin
peu importe
une dizaine des fois
peut importe l'heure
peut importe le temps
peut importe
tu le voulais
tu le prenais
à importer

jamais du sucre
jamais du lait
tu disais que c'était
laid
ou peut-être
presque
jamais
hors de question
hors des jours
où
le lait y apparaissait
facé à de nombreux
labyrinths
adhérents
ils se moquaient de toi

tu as changé
un café noir
non
café
sans
avec du lait

je bois pas du vin rouge
tu le verses dans mon verre
dommage
et quel mauvais ton
je préfère de garder mon rouge
à lèvres
même si elle commence à être
très long
astringence
impatience
et quelques goûts de douceur

elle est belle
j'en sais rien
heureusement que c'est pas à moi
aujourd'hui
et j'espère que demain

aussi

tu me parles
je ne fais pas attention
tu souris
et bois encore et
encore
tu mens
encore et encore
sans me regarder dans les yeux
ils sont tournés vers la montre
un peu tard pour
partir
un peu tôt pour
rester
je veux voir
ton lever
le lever du soleil

je te le verse sur la chemise
pas d'émotions
je fais tomber le verre
vide
rien
tu connais probablement la raison
tu regrettes
ô mon petit
ça veut donc dire qu'elle n'est pas plus belle que moi

je ne pardonne les soirées ratées
les danses aussi
je ne me pardonne en fait
rien
un double shot
un peu de vodka
oui, je ne suis pas si faible
que je pourrais
du second regard

à part ça j'aime sauver les autres
surtout ceux qui ne le méritent pas
je bois et je sauve
je bois car je
sauve
et je regrette
parfois
mais pour regretter il faut quand même
rester sobre
ce qui ne me va
absolument
pas

je ne parle
jamais
avec
les inconnus
mais
je ne voulais pas
paraître
impolite
une force
invisible
m'a forcé à
vous répondre
je mens
c'était
ma curiosité

vous
ne m'avez pas
cru

peut-être
que
ma cigarette
m'a trahi
ou le mascara
qui coule
à force de pleurer
dieu
merci
il a plu
une excuse
idéale

vous
ne l'avez pas
crue

tous les soirs
je suis
venue
chez vous
on
commence
toujours
par
les péchés
puis
je me suis
confessée
j'avoue
que vous êtes un père
génial
vous ne me demandez
jamais de
me repentir

ça me donne envie
de revenir
je me trompe
chaque fois
sans regret
je
vous avais
cru
plus tard
j'ai commencé
à croire
en
vous

je suis
misérable
je
ne
vous
cache pas
j'adore me perdre
dans les autres
leurs âmes
leurs yeux
leurs paroles
ne sont
au moins
pas vides
comme les miens

néanmoins
vous ne vouliez
plus
me faire
soumettre
sous votre charme
quelle gentillesse
je ne l'ai jamais vue

vous étiez
la personne
devant laquelle
les inconnus
s'agenouillent
sans aucun doute
je voulais
vous m'avez arretée
quel dommage

demain soir ça sera une autre alors

un jour
on est allé
à la galerie
on dirait
de beaux arts
dommage que
vous ne comprenez
rien
à l'art
contemporain
moi non plus
j'y suis allée
pour vous
on a regardé
les femmes
presque nues
ensemble
et celles
qui y étaient
aussi
ou plutôt
vous
les avez regardées
moi, je vous ai regardé
vous n'appréciez pas ma compagnie

je vous ai aimé
de façon jolie
vous
vous en fiches
aussi
joliment
vous aimez
la nuit
une autre
et
le matin
vous venez me parler
d'elle
pendant que je prends
mon café

quoi qu'il est amer

il me semble
que
j'ai perdu
le goût
après
la rencontre
avec vous

parfois
vous avez été
ivres

et
vous m'avez appelé
vous
ne m'avez pas
aimée
c'est pourquoi
je vous
ai rappelé
de votre treizième shot
il fallait
que
vous
vous soyez couché
plus tôt
ce soir

je
ne vous ai plus
cru
heureusement
au finale
le problème
est
ce que j'ai cru
en vous
toujours et très
bêtement
il me semble
que
je comprends les gens
qui pleurent
à genoux dans les églises

ils ne le croient pas
ils croient
en lui

vous avez été
judas
et un menteur
habile
et un acteur
talentueux
aucun
de nous
ne voulait pas
l'admettre

depuis notre
dernière rencontre
je ne cesse d'enflammer
les cigarettes
elles brûlent
plus longtemps
que les coeurs

dieux
ne chante
jamais
il compte
écouter
les chansons
des autres

sa gentillesse
découle des yeux
les larmes
la seule arme
qui était autorisé
à la femme
un cri
écouté mais
jamais entendu
pas coupable
et non plus capable
de le prouver
les juges jugent
jusqu'à ce que les autres
vont les juger
mais elle ne l'accusait pas
marie
elle s'est faite crucifiée
pour son enfant
part le matin
et ne revient
elle me manque
manquait
j'ai grandi
elle ne change
elle prétend
l'avoir
oublié

on ne dit pas
tu voulais vivre
on dit que tu voulais
t'enfuir

on ne te juge pas

je suis
lente
je suis
là
je reparts
j'accelère
je reprends
je reviens
je m'excuse
et
je rêve
je parie
je revie
je remeurs
lendemain
qui je suis
pour ton
coeur
je suis
le mal ou le bien